Silvana Puschietta

Luci e Ombre

Rosa Anna Pironti Editore

ISBN: 978-1-291-22586-0

I edizione novembre 2012
RosaAnna Pironti Editore

Titolo: Luci e Ombre

Foto di copertina di Beppe Multinu

A mio nipote Simone
Che l'amore è tutto, è tutto ciò che sappiamo dell'amore.
(Emily Dickinson)

Cuore! Lo dimenticheremo!
Tu ed io - questa notte!
Tu potrai dimenticare il calore che dava -
Io dimenticherò la luce!

Quando hai finito, ti prego di dirmelo -
Così che io possa subito incominciare!
Presto! perché mentre tu indugi
Io potrei ricordarlo!

(Emily Dickinson)

Prefazione

Silvana Puschietta ricama versi come trine d'altri tempi.
Il verso è leggero, evocativo di suoni e di affreschi spazio-temporali indefiniti. Le metafore si susseguono lievi, a rendere corporei sensi remoti, custoditi in rinvii catartici, in cui la vera espressione, anche dolente, si nasconde, quasi ad attutirne l'impatto.
Non c'è dolore che possa risolversi in urlo; le cadenze sono date da parole ripetute, da congiunzioni che spezzano il verso, per dare risalto, e allo stesso modo affievolire, moti dell'anima che vanno radenti ai suoni, confondendosi in essi in un unico mondo segreto.
Le immagini danzano, si rincorrono, evocando l'amore anche sensuale, seppure contraddittorio, cercato e temuto, strappato a un ritmo lontano.
Nello stile sobrio, eppure variegato, le rime si alternano a versi sciolti, così da imprimervi misura musicale e dissolvenza; la ricerca di immagini in sé compiute passa attraverso contatti sensoriali che esaltano l'emozione trasmessa, componendo tele la cui trama resta sullo sfondo, così da indurre, in un'intensità via via più potente, la ricerca e la conquista di un sentire ultimo, che in sé tutto connette e comprende.
Silvana Puschietta più che quelli mediterranei, ricorda stili nordici, anglosassoni, con lo stesso gusto per la leggerezza che occulta, e per l'attenta visione di una natura che supporta i moti dell'animo e che ad essi si adegua, incastonando pitture colorate nelle pieghe di un sentire acuto fino allo spasimo, e pur tuttavia sereno nel crearsi una dimensione altra, dove rivivere e ascoltare le voci d'intorno.

Luisa Lenzi

Autunno

Fluttuano lunghi
i rami
che
le foglie gravano.

Un istante,
volano leggiadre...e
planano lente
sulla terra umida.

Oh Tu !
Stagione d'attesa e di raccolto
piegata sei
nel declino immanente.

Mentre
il mare mormora
la litania

io, ferma sulla riva,

ascolto i suoni striduli
dei gabbiani
che salgono le cime.

E
torna il silenzio...

Speranza

Se...

ne la solitudine
dei giorni persi
rimescoli le carte
e,
ne l'oscurità
dell'arduo cammino
dissolvi i tuoi tarli

Ecco...

ne l'offesa
della dignità lesa
ritrovi la certezza
del tuo credo
e,
ne la gola
del tuo cuore
respiri ancora
un anelito d'amore.

Solo

Giorni fluiscono,
scrutando la realtà
del tuo mondo.

Amori macerano,
strappando le vele
del tuo corpo.

Lacrime scorrono,
segnando il percorso
della tua vita.

Capitoli alternano,
straziando il fulcro
della tua mente.

mentre...
solo,
guardi lontano
e...
più non è...

Il mare

Il mare, il mare
se fossi onda

sarei il tuo mantello
avvolgerei il tuo corpo

e
con te
nell'abisso
mi tufferei.

Tu, solo tu.

Accarezzare il tuo viso
segnato dal tempo
fra le rughe
incidere il passato

Ricordare con te
gli attimi d'intesa
sogni tardivi
d'un breve passaggio

Stringere le tue mani
senza farti male
movimento lieve
d'eterna unione

Sfiorare le tue labbra
rapimento mistico
profumo di miele
che aria inebria

e poi...

camminare adagio
fra verdi colline
nella stretta poetica
che amor infonde

Tu, solo tu.

Voci

Vanno e vengono
Voci

Risa e pianti
alternano

Egli solingo
amore accoglie

Nessuno spazio
s'apre
Stretto il destino
di lai colmo

Restano laggiù
Voci

Nella magione
che l'alba incanta
Nell'ermo
che la sera racchiude

E
nel guardar
la sua schiena andar

Egli ascolta...

E ... se ne andò.

Il letto del fiume guadò
Alle spalle il vissuto
L'inferno con esso lasciò

Le labbra tristi serrò
Davanti a sé la luce
L'inferno con essa trovò

Nel buio del delirio
Nel dolore del trascorso
Nel rimpianto del perduto

Non chiese mai
Non seppe mai
Non volle mai

E...
in silenzio
se ne andò

Tempo

Nelle virgole
del destino
scorre

E...
nell'attesa
tele disfa

mentre

reclama
il tempo perso
... egli

Avvolta

Avvolta
ne lo scialle
de le tue braccia
nei sospiri
placo
il mio tremor
e
t'amo

Esci, fuggi, vieni.

Violento è
Il cuore scoppia
Il fuoco brucia

Segreto è
Versi offrono
Al lor amore

Desiderio è
Al vento urlar
Il lor tormento

Esci
Fuggi
Vieni
Lui focoso
recita

Esci
Fuggi
Vieni
Lei bramosa
narra

ma...
Catene stringono
e...
Nostalgia pervade
mentre...
Parole affascinano
nel tempo.

Inquieto

Scivola piano
fra lenzuola
sdrucite

Dorme ignara
la sposa

Inquieto
rammenta

del di lei profumo
s'inebria
miele del suo fiore
assapora

Giace serena
la sposa

Tormento
e
Gaudio

soffre lui...nell'attesa

Portami con te

Portami con te
nel taschino
della tua giacca
negli angoli
del tuo cuore
nella luce
dei tuoi occhi
nei sogni
del nostro amore

Portami con te
nelle gioie
del desiderio
nelle ansie
dell'attesa
nelle risa
dei ricordi
nelle parole
non dette

Con te camminerò
In te rinascerò
Per te vivrò
Amore mio

Per te

Per te
poesie ho scritto
Per te
canzoni ho cantato
Per te
fiori ho raccolto
Per te
fuoco ho acceso

Per te
ho sorriso,
ho danzato,
ho atteso,
ho mentito.

Per te...
ho vissuto
...Amore mio

Ora è buio
non sorrido,
non danzo,
non attendo,
non mento.

Per te...
non vivo più

E' gioia

Il verbo del tuo essere
arriva al mio cuore
chiaro e sensuale
è gioia

La luce dei tuoi occhi
illumina i miei
radiosa e serena
è gioia

L'aroma della tua pelle
penetra nelle mie nari
sottile e intenso
è gioia

Il movimento del tuo corpo
mi avvolge nell'oblio
forte ed eccitante
è gioia

Sorrido e stringo in un pugno
la mia felicità
...
E' amore

Ella

Avvolta
nello scialle
delle di lui
braccia

Ella

Placava
nei sospiri
il di lei
tremor

E...
dolcemente
amava.

Quando

Parlava Lei
del suo donava

e

bramosa d'amor
desiderio librava
volontà deponeva

e

possibilità indugiava
mentre
nel turbinio del pensar
miseria del suo
spandeva

e

giorni in anni
trasformava
quando
senza nulla espletar
ella attendeva

Tradimento

Fra le righe
ho respirato
del tuo tradimento
e...
lacrime amare
ho versato.

E' rito
da noi due
già celebrato

Il ruggito
grave
del tuo amplesso
Il miele
dorato
delle tue parole

Tu,
ignaro
Io,
sola

Un sogno

Un fruscio
un corpo s'adagia.

Allunga la mano
sul fianco
...non voglio.
Urlo,
la voce non esce.

Stringe le dita
sul seno
...non voglio.
Urlo,
la voce non esce.

Panico avanza
...mi sveglio,
era solo un sogno!

Dita

Accarezzano lente
membra calde

Esse,
affusolate, diafane
massicce, forti

Compiono nel cammino
la ricerca del piacere

Esse,
s'intrecciano
nel dolce tepore
assaporano
il miele segreto

E

Su tasti in fuga
saltellano felici.

Dolce creatura

E' apparsa
dolce creatura

nel blu cobalto
del tuo cielo

nel verde smeraldo
dei tuoi prati

Imponente, altero
l'hai posseduta
Tu,
che nella tristezza
hai mietuto il seme

Ora
nella bomboniera
del suo cuore
hai sigillato

nello scuro
dei suoi occhi
hai rapito

nel nettare
delle sue labbra
hai bevuto

E, tu
pensiero costante
apri alla libertà
la vita.

Paura

Tocca l'indice
Piccolo è
Guarda lo specchio
Diverso è

un attimo
e
meteore di pensieri
s'accendono

un attimo
e
lapilli di sofferenze
erompono

un attimo
e
paura implacabile
penetra

Tocca l'indice
Piccolo è
Guarda lo specchio
Diverso è

Solitudine

Noi,
notti insonni
nel risveglio
del corpo
non
ci parliamo

Noi,
gelido contorno
nel buio
dell'essere
non
ci guardiamo

Noi,
tempo finito
nella speranza
di vita
non
ci vogliamo

Noi...solitudine.

Dignità

Poggia il fianco
al desio
mentre
infelici soffrono
le membra

Enigma pone
al suo io
affranto
e
discerne
anni andati

Fili grigi
luccicano
lei
negata
disprezzata
violata

Ritrova
la sua dignità

Sparge petali
profumati
allontana demoni
e
guarda fiera
il domani

...ecce donna.

Silenzio

Pensieri schiudono
mentre
Parole sgorgano
dove
Musica s'alza

e
tu, anima bella
doni frutti

bramoso d'amor

ma

ingenuo tu sei

e

la compiacenza
urla maligne
sviscera

quando

lo stupore
rabbia gentile
coglie

tu, anima bella
gridi silenzio.

E

Frasi spezzate
Silenzi voluti
là dove
Fiumi di parole
prima

E

Distacco lento
Corde tirate
là quando
Amore fioriva
prima

Giunto il momento
dell'addio

Sanguina il cuore
nel dolore

E

tu a piccoli passi
te ne vai...

Foglie

Cadono lente
Nelle
Tinte caramello

Ammucchiate
E
Dimenticate

ma

Dita bambine
raccolgono
E' gioco

S'alzano
E
Danzano

Volano eteree
Nella
Follia d'amore

... Essi amanti

Nebbia

Corre il treno
la nebbia avvolge
bianca
pensieri affollano
nascite di gioie
morti di dolori
è...autunno

Cerca lo sguardo
l'orizzonte del mare
azzurro
spiagge deserte
salsedine s'alza
profumi dispersi
è...autunno

E lei...inquieta
trova nel bianco
risposta.

Cristalli

Dita si muovono
Temono la crepa
Occhi ignari
Guardano

Parole sacrificate
su ara pagana

Speranza dispersa
nei prati verdi
della gioventù

e...

come cristalli
i pensieri
fragili
si spezzano .

Lagrime

Stille silenziose
versano

dita diafane
asciugano

ombre attorno
stazionano

pozzanghere
di melma
infangano

cuore indomito
geme

E...

fessura squarcia.

Due perle nere

Ecco...
guardo i tuoi occhi
e tu, figlia mia
poni lontano lo sguardo

cerco...
la loro espressione
radiosa d'un tempo

Le tue due perle nere

penso...
ora che sei madre
l'iride brilla
anche se...
stanca
dei fardelli della vita

poi...
scruto...
e un lampo
fra le pieghe
di tanto dolore
appare...

I tuoi occhi
anima mia
sono perle nere
e
tu me ne fai dono

E' amore
che tengo stretto
al seno del dolore.

Buio

E' buio

Cerchi
ragione
non c'è

E' solitudine

Ruota
il mondo
attorno

e...tu
sola, piangi.

Grida

Essi...

Pudore d'amore
silenzio...
petto gonfia
gola stringe
occhi velano

Bisogno primario
ecco...
lume accende
catene sciolgono
cancelli aprono

e...
grida
s'alzano

Melancolia

Melancolia
culla di saggezza
lentamente
m'hai posseduta
e...
ora
gemiti sono
i miei pensieri

Fantasia

Scivolo nell'immenso
E m'irradio

Fisso un punto all'orizzonte
Immagino terre lontane
Volti nuovi appaiono

Tu, fantasia
finzione del creato

Pongo sabbia dorata
Offro succo di miele
Nell'isola che non c'è

Tu, amica fedele
dei miei giorni spenti.

Ignoto

Quiete è

Ode
la risacca lontana
Osserva
le lucciole scintillanti

E' notte
nell'eremo dei ricordi

Avverte
Un fruscio d'erba
Immagina
un passo lieve

Lei
s'avvicini
e
una carezza ponga

ma,
ignoto è.

Libertà

Un alito di vento
accarezza il collo
e...
oltre il cancello
appoggia lo sguardo.

Nuvole pregne
rincorrono pensieri
mentre
destini segnati
incrociano cammini.

Ecco...
il vento si placa
il cancello s'apre
le nuvole scemano
e
come volo di gabbiano
s'innalza.

E' libertà.

La chimera

Sussurra nella notte
parole
e...
nel ritorno dei pensieri
cercano le mani
il suo volto
ma...
fra le dita scivola
come sabbia bianca
e...
vola lontano chimera
dolce compagna
dei giorni silenti

I giorni

Nei meandri dell'anima
fruga
cieca senso non trova

Pellicole d'esistenza
si proiettano
nel cielo del ricordo

Come film passano
i giorni della dimenticanza
affollano la mente
e...
s'allontanano nel futuro.

D'Amore

Lieve è il suono
del tuo respiro
quando...
sazio d'amore
sollevi il lenzuolo
e ...
supino t'addormenti

Tu desiderio

Colgo sassi dal viale
nera la notte inghiotte
pensieri che volano alti
mentre...
pergamene sciolgono
tramonti scendono
orizzonti allontanano
e...
guardo il cielo
di stelle stellato
nell'attesa vana

Tu desiderio!

L'Incontro

Il suo parlare
scandisce l'aria
ritorna l'immagine
nel ricordo

le note assopite
si elevano nell'aria
è canto d'amore

e...
lentamente avvicina
incontro
di limoni profumato
è felicità

Amore tardivo

Affondano, nelle tue pupille, i miei desideri
Scompaiono, fra le tue braccia, le mie paure

Ritornano,
eterei i sogni

E tu,
amore tardivo

Colmi gli angoli remoti
Segni gli spazi dell'anima
Alleggerisci i miei inverni

...nel tempo.

Nella sera

Amo il soffio del tuo respiro

Amo accarezzare la tua barba

Amo chiudere gli occhi con te

...nella sera.

Amore

Quando ha sentito la tua voce
L'immagine del fiore di pesco
Ha riempito il suo sguardo

Quando ha chiesto se eri tu
La luce splendente del sole
Ha avvolto il suo cuore

Quando ha ascoltato il tuo dire
Musica sublime di un violino
Ha suonato nella sua mente

Quando poi vi siete raccontati
Il libro più prezioso del creato
Ha aperto le sue pagine

Amore che sorge dal nulla
Bramoso nell'eternità vive
Gioia che sol amore può donar

Accarezzo

Giorni dilaniati dal nulla
Menomati

Parole dette a metà
Sussurrate
Baci impressi nella mente
Profumati

Cerco ragione nell'assurdo
Non c'è

Accarezzo amore

Senza via d'uscita

Catene circondano corpo
Aria estinta divaga
Sorrisi di bimbi rapiscono
Figli usurpano spazio

E'
Libertà mancata

Piango, nessuno vede

L'anima chiama
ma.. io non ascolto
Ecco... un'eco ritorna
e...la mente offusca

Urlo, nessuno sente

Come ombra di me stessa
Io, vagabonda

E lei...guarda

Affonda nel pensiero
è silenzio
Lacrime scorrono
è dolore

Ecco...sogno dissolve

Le onde sinuose
colorano il mare
Un volo di gabbiano
si libra all'orizzonte

E lei ... guarda

Risveglio

Sola nel dolore sordo

Persa nei giorni oppressi

Raccolgo le briciole di me

e,

offro a te sorrisi

L'attesa

E lui...

dischiude usci
semina raccolti
profuma lenzuola

ecco ...
è amor che attende
d'essere amato

e intanto
colano giorni
nell'attesa...

Cammina...

Cammina nel tempo
svuotata dai sentimenti
e...apatica guarda

Metamorfosi si è compiuta
fruga nella mente
e...non trova pace

La mano si allunga
cerca nel nulla
e...vuole trovare

Offerto amore è
sollievo d'età tardiva
ecco...esistenza piegata

Pensieri

Vorrebbe
con lui spalancare finestre
e...
salutare il mattino

Vorrebbe
da lui ascoltare voce
e...
cullare i suoi sogni

Vorrebbe
per lui allargare braccia
e...
stringere i suoi desideri

ma...
chiuse son finestre
afona è voce
congiunte son braccia
e...
pensierosa pensa.

Dubbio

Parole sagge penetrano
Scritti eruditi ammaliano

Voci lontane chiamano
e...lui è

Sfugge lo sguardo silenziosa
Stringe il cuore dubbiosa

Chiede al pensiero ragione
e... lui è

Dissipa dubbio fiduciosa
Giustifica rispetto orgogliosa

Avvolge idea innamorata
e... lui è

E...canto fu il suo riso

E...lui chiedeva
Timorosa accennava vergogna
Casto il suo dubbio
Spedito accenno ne dava

E...quando
Lei, amante libera

Scoperto lo scrigno dell'anima
Dell'amore riconosciuto il senso
Srotolava dal racconto
Angosce e dubbi

Aria d'amor si espanse
E,
Canto fu il suo riso

Egli

...Se tu ci fossi

L'aria si riempirebbe di profumi
la terra si piegherebbe ai suoni
occhi lucenti guarderebbero
bocche umide aprirebbero

e...

Sogno realtà saresti
risveglio dei sensi daresti
gaudio immenso offriresti
pace all'anima renderesti

ma...

Cerco nel buio il tuo volto
sospeso nell'aria il respiro
occhi che si chiudono
nell'eremo del ricordo

ma...

Profumi si spandono
parole sospendono
nel tripudio delle voci
inno d'amore s'eleva

...tu non ci sei

Vita nel palmo

Tenebre nel cuore
Il mondo si è fermato
Né suoni, né voci
Attende

Buio l'orizzonte
Cloache di parole
Profili sofferenti
Ascolta

Passato vissuto
Tesoro custodito
Partita pugnata
Accetta

Libertà anelata
Interezza di pensiero
Vita nel palmo
E decide...

Violata

Urla nell'aria
il suolo accoglie il corpo
Punture di veleno
le sue mani sulla pelle

Violata l'anima

Bianco il volto
sbarrati gli occhi
non vedono...
Lacrime sgorgano
nel vuoto cadono

E' silenzio

Lei

Fanciulla innocente
amante adorata
donna rispettata
dolori e gioie
tu, vita vissuta

Dolce il sorriso
forti le braccia
dritto lo sguardo
deciso il passo
tu, come faro

Vecchia ora sei
cerchi nei ricordi
curvo il cammino
mai per te sarà
tu, Madre mia

Sogno

Camminava nel sogno
guardava lontano
sorriso accennato
foschia, limpidezza
alternavano

camminava nel sogno
bruciava la terra
dolenti muovevano
piedi senza calzari
cercavano

camminava nel sogno
luce abbagliava
nell'aureo orizzonte
occhi lucenti
penetravano

camminava nel sogno
con l'aiuto degli dei
immagine concreta
occhi, bocca, mani
incrociavano

Finalmente libera...

Donna bambina
Usi e religioni
Il tuo corpo mutilato
Un marito destinato
Violazione legale

Donna fanciulla
Miseria abbandonata
Certezza di riscatto
Umiliata e desiderata
Schiavitù obbligata

Donna meretrice
Sguardi lussuriosi
Corpo sinuoso
Sorridi a chi ti usa
Tristi son i tuoi occhi

Donna etèra
Nei salotti ti muovi
Eleganti son gli sguardi
Con dolcezza ti abbandoni
Il successo ti lusinga

Indipendente e perspicace
Passo deciso e determinato
Spoglia di pregiudizi
Sciolta da imposizioni

Finalmente libera...
Donna

I sensi

Pelle sudata da dolci spasmi
Sguardo vivace nel ricordo
Cerca la mano il suo corpo

non tocca...

Furia di fuga nel passato
Voragine aperta dal pensiero
Cerca l'olfatto il suo odore

non sente...

Gesta libertine
Viaggio nella memoria
Cercano le labbra il suo sapore

non gusta...

Meandri di passione
Nife della mente
Cercano gli occhi il suo volto

non vede...

Sensi lontani nel tempo
Brama dell'essere
Cerca l'orecchio la sua voce

ecco, ascolta...è gioia

Mute...

Mute le tue parole
Muto il tuo sguardo
Muto il tuo respiro
Muti i nostri cuori

Fra le mura delle stanze
Senza più significato
Vaghiamo inutili
Estranei dall'intesa

Grida di vita
Pianti di morte
Gioie condivise
Dolori affrontati

Nulla è rimasto
Come sabbia fra le dita
Silenzi opprimenti
Nemici insaziabili

Mute sono le nostre parole

Ecco...

Ecco...
l'antica ferita s'è rimarginata
amor l'altra metà ha incontrato.

Passato, presente, futuro
fusi, cancellati, annullati.

Lacci e laccioli spezzano
nel tripudio immanente
la verità della ragione.

Senza condizione pensiero
vola e su desiderio poggia.

Mani stringono mani...
Bocca bacia bocca...
Gambe intrecciano gambe...

E...non è più

Mute le mie parole
Scomparsi i suoi sorrisi

Muti i miei gesti
Scomparse le sue carezze

Muta la mia vita
Scomparso il suo amore

Ricordi offuscati dal presente
Ricordi mai più cercati

mi guardo attorno

e...non è più

Scrivo

Scrivo
su ogni angolo di carta bianca
Scrivo
sulle frange dei libri
Scrivo
fra le righe dei giornali
Scrivo
sui tovaglioli di carta

Scrivo quando il pensiero giunge
...impulso irrefrenabile...

Se no,

la mia vecchia mente
cancellerebbe l'amata parola

E,

nulla resterebbe di questo magma
che diventerà aria
per coloro che sperano.

Guardo nel tempo

Guardo nell'aria
Un soffio di vento
Scuote i miei capelli
E' attesa

Guardo nel profondo
Un uomo una donna
La frattura è saldata
E' amore

Guardo nella luce
Anelito di comunione
Danza tribale
E' vita

Guardo nel tempo
Caldi colori bruni
Odori di caldarroste
...E' autunno
Fredde mattine
Neve sui poggioli
...E' inverno
Rondini in volo
Peschi in fiore
...E' primavera
Covoni di grano
Abiti trasparenti
...E' estate

E' attesa
E' amore
E' vita
Guardo nel tempo

Fuga dalla realtà

Sipario che si apre
Speranza nel domani
Emozioni mai provate
Amicizia liberatoria
Comunione di pensiero

Affinità d'amore

Sospensione dell'essere
Desiderio che sovrasta
Ricerca nel buio
Realtà forestiera
Volontà di fuga

Passione d'amore

Futuro senza senso
Libertà anelata
Scelta obbligata
Felicità negata
Occhi melanconici

Rinuncia d'amore

E...

Gocce nel mare
Le lacrime mie per te
In fuga dal sentimento
Il cuore impazzisce

E...

Tu guardi ignaro
La vita che se ne va

Gioventù rubata

Leggiadra danzavi
Ricca della tua bellezza
Alto, elegante, ombroso
Lui si avvicinò...e ti rubò
Radiosa lo seguisti
Complice l'allegria

Intrappolata dall'amore
Cieca della vita
Ancora non sapevi
Torrenti di dolori
Fatiche estenuanti
Ti avrebbero invasa

Gioventù rubata
Il frutto della spensieratezza
Mai però avresti rifiutato
Il tuo corpo magro
Il tuo viso affusolato
Occhi tristi amavano

In silenzio soffrivi
Lacrime tante versasti
Colui che ancora amavi
Ti lasciava raggiante
Ritornando sofferente

E tu...grande Domina
Fingevi di non sapere
Stringendo a te
Il frutto di quell'amore
Che più non c'era

E...che amor si viva

Amore immenso
Felicità insperata
Gioiello prezioso

Mani del senso
Odori inebrianti
Sapori mielati

Corpi armonici
Lunghe vibrazioni
Urla di piacere

Ricordi passati
Lacrime accennate
Parole raccolte

Risveglio gioioso
Allegro minuetto
Musica del cuore

e...che amor si viva

Essenza d'amore

Mani che si cercano
Occhi che si guardano
Labbra che si sfiorano

Leggeri come foglie
Elevano il loro corpo
Stringono membra

Bufera di sensi
Sospiri nel buio
Magia del desiderio

Essenza d'amore

Gioia sottile amarsi

Amore tardivo
Passione inaspettata
Un uomo, una donna
Alla fine del mondo

Ritrovarsi nel tempo
Passato, presente, futuro
Vita mai condivisa
Capitolo già letto

Stretti nelle affinità
Gioiosi come adolescenti
Instancabili nei racconti
Amanti perfetti

Gioia sottile amarsi.

Pensiero lontano

Spensierata come fanciulla
Trepidante d'amore
Bellezza pacata
Sguardo dolce e fiero

Lo specchio riflette
colei che lui desidera
Sussurri nel vuoto

La notte nel silenzio unisce
Il fruscio di un lenzuolo
Occhi che cercano nel buio
Attesa paziente

Baci mai dati
Carezze desiderate
Pensiero lontano

Si è

Un fiore si è appassito
Un lume si è spento
Un albero si è abbattuto
Un immigrato si è allontanato

Una pietra si è corrosa
Una spiaggia si è ritirata
Una casa si è svuotata
Una donna si è venduta

Io, che sono nessuno, ho pianto

Il tuo, era lo sguardo di sempre

Incurante del mio tormento
Perseguivi il tuo pensiero
Ignorando le mie richieste
Io non c'ero più per te
Il tuo, era lo sguardo di sempre

Anni trascorsi insieme
Ricordi di vita condivisa
Nulla valse a ricucire gli strappi
Io non c'ero più per te
Il tuo, era lo sguardo di sempre

Intriso della tua missione
Incurante della disfatta
Egoista nel tuo ego
Io non c'ero più per te
Il tuo, era lo sguardo di sempre

Presuntuoso nel diritto
Disattento ai richiami
Mi donasti solitudine
Io non c'ero più per te
Il tuo, era lo sguardo di sempre

Lacerata dal dolore
Incurante dell'orgoglio
Posi domande
Chiesi risposte
Finché vinta mi allontanai

Tu non c'eri più per me
Il tuo, era lo sguardo di sempre

Biografia

Silvana Puschietta è nata a Sanremo nel 1950.
Ha vissuto in Valle d'Aosta e poi a Torino diplomandosi qui al Liceo Linguistico.
Da molti anni vive a Bovisio Masciago, dove si è sposata e ha avuto una figlia.
Ha lavorato per diversi anni in varie aziende nel campo del marketing e delle vendite, ricoprendo ruoli di responsabilità.
Ambientalista convinta, conduce da anni uno stile di vita sostenibile e da un paio d'anni collabora con il blog www.esseresostenibili.it.
Le sue passioni: lettura, musica jazz, arte contemporanea.

Ha scoperto negli ultimi anni d'avere buona potenzialità narrativa e poetica, nelle quali viene affrontato il tema della relazione di coppia.
Grande lettrice da sempre, nel 2010 ha scritto il suo primo romanzo "Amicizia Rubata" -Senso Inverso Edizioni- uscito a Febbraio 2011 e dal 2012 in e-book.
Ha pubblicato sue poesie nell'Antologia "PoeticaMente" a cura di RosaAnna Pironti, uscita a Settembre 2011.
Un suo breve racconto è stato pubblicato nell'Antologia "Paesaggi Letterari"
-Historica Edizioni- uscita a Dicembre 2011.
Sue poesie e racconti sono stati pubblicati nel corso del 2011-2012 su diversi blog, fra cui:
http://panoramadonna.blog
http://www.aphorism.it
http://www.elfapromotions.com

Ora si sta dedicando alla scrittura di un nuovo romanzo e alla poesia.

Indice

www.ingramcontent.com/pod-product-compliance
Ingram Content Group UK Ltd.
Pitfield, Milton Keynes, MK11 3LW, UK
UKHW020237250726
13967UKWH00001B/424